Pensées & Lumière

Pensées & Lumière

Des mots qui éclairent l'âme

STEVE DUBOIS

Édition : BoD · Books on Demand, 31 avenue Saint-Rémy,
57600 Forbach, bod@bod.fr
Impression : Libri Plureos GmbH, Friedensallee 273,
22763 Hamburg (Allemagne)

Impression à la demande
ISBN : 978-2-3225-6179-7
Dépôt légal : février 2025

Avant-propos

Les mots et la poésie possèdent ce pouvoir unique de dévoiler ce qui demeure souvent enfoui dans le tourbillon de nos vies.

Ce livre est une invitation à plonger dans les profondeurs de l'âme, à contempler la richesse du monde intérieur et à redécouvrir la beauté de l'existence à travers le prisme de la réflexion. Ce recueil est né de mon souhait de créer un objet à double vocation : un compagnon de voyage intérieur pour le lecteur en quête de sens, et un support vivant pour des échanges dans des lieux propices au partage et à la réflexion. Il se veut un refuge pour l'introspection, un espace de résonance où questionner notre manière d'être et de vivre.

Au fil des pages, vous serez invité à méditer sur des thèmes universels tels que l'acceptation de l'imperfection, le lâcher-prise, la quête de sens ou encore la puissance de la vulnérabilité. Ces réflexions s'inscrivent dans une démarche où philosophie et spiritualité s'unissent, cherchant à équilibrer raison et intuition, action et contemplation.

Ces textes, nourris par plus de vingt ans de cheminement personnel, n'ont pas pour ambition d'imposer une vérité universelle. Ils visent plutôt à ouvrir des perspectives, à susciter des questionnements et à offrir un espace où chacun peut trouver sa propre lumière.

Que ces pages soient pour vous une source d'inspiration et un élan vers une connexion plus profonde avec vous-même et le monde.

Belle et lumineuse lecture.

Textes

Là où les vents portent des silences profonds,
La poésie éclaire les âmes sans nom.

J'ose vivre, j'ose ressentir,
Et dans mes mots, je trouve à m'épanouir.

Je chante l'éphémère, l'instant qui s'élève,
Et de mes vers jaillit la lumière.

Contentement

Nous marchons, apprenons à croire,
Que le bonheur surgit dans l'espoir.
Mais l'instant, par sa douce présence,
Porte en lui toute notre essence.

Il n'est besoin d'attendre demain,
Ni de chercher des rêves lointains.
Le monde s'offre, humble et suffisant,
À qui l'accueille, sincère et content.

Ainsi la vie, douce et sans détour,
Offre ses grâces au rythme des jours.
Libre du poids de vouloir saisir,
Elle chante en nous le simple plaisir.

L'écran refuge

Face à l'écran,
le canapé devient un refuge moderne,
un îlot paisible où les images,
tamisées par l'éclat des pixels,
apaisent les tempêtes du dehors.

Elles filtrent le bruit du monde,
et en douceur,
nourrissent un repli choisi,
un voyage immobile
dans les méandres du soi.

Ralentir et sourire

Courir ou accueillir
Fuir ou refleurir
Ralentir et sourire

Éveil de l'âme

L'ego s'égare, captif de ses tours,
Il croit dominer, mais se perd toujours.
L'univers, lui, libre, poursuit son chemin,
Sans maître, guidé par son destin.

La douleur se lève, témoin du passé,
Rage et solitude ne sont point à chasser.
Accueille-les, paisible, sans faire d'effort,
C'est ainsi qu'en toi naît un nouvel accord.

La guérison surgit, tel un souffle léger,
Elle naît de la vie, au détour d'un sentier.
L'âme retrouve sa place, sereine et entière,
Et s'ouvre à la paix qui jamais ne se perd.

Vers l'unité

Ils dansent perdus,
orbites d'un centre obscur,
vers l'unité rêvée.

Sagesse du quotidien

La vie n'est pas un ciel sans orage,
Mais un sentier où l'on trébuche et sourit.
La force est dans l'humble courage,
Qui accepte la nuit pour mieux voir l'esprit.

Les larmes, les rires, tout a sa place,
Le cœur bat, imparfait, mais bien vivant.
La philosophie élève quand tout se lasse,
Et révèle une voie au cœur de l'instant.

Recul intérieur

Le sage trace un espace entre le monde et son esprit, car c'est dans cet écart qu'il trouve la clarté.

Masques virtuels

Sous le joug des pupilles, le cœur se rétracte,
Prisonnier d'un théâtre où l'éclat est loi.
Les façades s'érigent, et l'âme se fracasse,
Dans l'arène avide de se faire aimer, quoi qu'il soit.

L'écran promet des étreintes sans chaleur,
Une meute sans visages, un désert maquillé.
On fuit le silence, effrayé d'y voir l'horreur,
L'être s'évanouit en rêves qu'on a pillés.

On revient alors, au sanctuaire oublié,
Où le temps se suspend, sans vouloir s'enfuir,
Un cocon secret, un trésor préservé,
Que nul réseau ne peut ternir ni détruire.

Essence spirituelle

La spiritualité, n'est ni l'écho des mantras,
ni le refuge des rituels.
Elle est le souffle brut de l'âme qui,
face à la perte et au doute,
s'élève pour embrasser sa vérité et se libérer.

Intuition créatrice

Une force jaillit,
un flot vital s'exprime,
l'intuition guide.

Instant Roi

Dans l'instant, le simple est roi,
Assis ou debout, je cesse ma course,
La réalité, nue, me tend ses bras,
Ni conquête, ni fuite, rien ne me pousse.
Je m'accorde au présent, léger, sincère,
Les projets s'estompent, le silence éclaire.

Un regard posé sur ce qui demeure,
Gratitude franche, sans masque ni entrave.
Une tasse posée, un instant qui rassure,
La vie se déploie, vaste et suave.
Présent entier, dans sa pleine abondance,
Je suis ici, offert à l'existence.

Agitation

Le monde court,
figé dans son agitation.
L'instant se dissout
au gré des illusions.

Modernité vide

L'âme moderne s'agenouille devant l'ego,
dieu de pacotille, perdant la voie sacrée.

Le progrès, miroir trompeur,
nous enchaîne à des désirs factices,
éloignant l'esprit de sa source.

Sous ces artifices subsiste une vérité immobile :
celle d'un retour à l'être,
dépouillé du superflu,
où la sagesse patiente,
comme une flamme vacillante dans l'obscurité.

La nature en moi

La nature n'est pas un espace que j'occupe,
elle est une essence qui me nourrit.

Mes pas, ma respiration, tout vient d'elle.

Elle est si vaste, si forte,
que ce n'est pas moi qui la contiens.

C'est elle qui vit en moi.

L'audace de vivre

L'intelligence contemple le monde,
la volonté le façonne.
La raison délibère,
l'impulsivité, elle, ose vivre.

Vrai visage

Le paraître emprisonne l'âme
dans des contours flous
où l'être s'efface.

La joie s'éveille là
où l'on ose dessiner son chemin
au-delà des frontières invisibles.

Au-delà des nuages

Nous sommes l'azur et l'immensité,
Les vents passent comme les nuages.
L'orage jamais ne peut nous dompter,
Repose en nous un calme sans âge.

Les ombres s'effacent, l'esprit en paix,
Ne l'effleurent ni le bruit ni les mots.
Une force en soi rappelle à jamais :
Nous sommes le ciel, pas la météo.

Derrière l'espoir

L'espoir, souvent,
n'est qu'un masque posé sur l'absence.
Celui qui s'en défait,
découvre, au cœur de l'instant,
la pleine richesse du vivant.

Quête de lumière

Ils partent chercher un peu de lumière,
Loin des foyers, des jours solitaires.
Sous les temples, bercés de prières,
Leur âme vacille, ivre de mystères.

Puis ils reviennent, l'esprit en bataille,
Prisonniers d'un éternel détail.
Leur quête s'égare, leurs rêves s'abîment,
Dans le mirage d'un idéal sublime.

Quand s'éteignent leurs vaines discordes,
L'esprit s'accepte et doucement s'érode.
La paix surgit, pure et sans effort,
Éclairant l'âme comme un accord.

Singulier matin

Même matin clair,
l'infime brise invente
un instant nouveau.

Simplicités

L'aube se déploie,
Un oiseau perce le silence,
Le monde suffit.

Le jour s'endort,
Les lucioles parent la nuit,
Le monde suffit.

Amour rebelle

Au cœur des murs froids, la pierre s'effrite,
L'amour, fracture vive, brise la posture.
Il ne s'offre ni ne se cache, il habite,
Renversant les leurres d'une paix trop sûre.

Il consume les peurs, lacère les gains,
Dévore les marges d'un monde comptable.
Loin d'une caresse, il emporte les mains,
Promesse sauvage, jamais négociable.

Sous les chaînes du système, il s'entête,
Sauvage prière d'un souffle impur.
L'amour, dans sa fureur, n'a pas d'esthète,
Il est la chair offerte, la vie qui dure.

Force intuitive

Affûte ce sens,
l'intuition bien aiguisée
devient ton alliée.

Sous le béton

Le béton froid a recouvert la terre des arbres,
laissant derrière lui,
le silence aride d'un monde blessé.

Mais sous cette austère surface,
une graine fragile palpite encore,
attendant le signal d'une vie nouvelle.

Les racines du renouveau

Quand l'arbre dépouille
ses branches des feuilles fanées,
il ne craint ni le vent, ni l'hiver.

Sa force repose dans ses racines invisibles,
qui plongent profondément sous la terre,
patientes, sereines,
attendant le retour des jours fertiles.

Toute perte ouvre la voie au renouveau.
La vie poursuit son cycle, inaltérable,
même dans les heures les plus sombres.

L'essentiel demeure inébranlable,
debout face aux tourments,
comme l'aube qui effleure la nuit
de ses teintes naissantes.

Sourire forcé

Un sourire vrai est un cadeau sincère,
mais le rendre obligatoire,
c'est nier le poids des vérités
qu'il tente de masquer.

Maturité joueuse

L'enfant construit des mondes aux lois volubiles,
Où le geste crée des songes invisibles.
Sa gravité douce, souffle d'un zéphyr,
Fait jaillir un horizon qui défie les empires.

L'adulte avance, sous des liens discrets,
Ses pas résonnent dans des ciels figés, secrets.
Mais au fond de l'ombre, un feu ardent et bavard,
Ravive la flamme que l'âge avait mis sous l'éteignoir.

La maturité, c'est ce double chemin,
Un cœur qui s'ouvre au monde, respire et prend soin.
Revenir au jeu, avec lucidité,
Et façonner la vie, sculpture enchantée.

Renouveaux

La fin porte un début,
où le temps façonne nos vies
en empreintes vivantes.

L'être vrai

Sur la voie des cœurs en éveil,
Les parures tombent, sans pareil.
Sous l'aurore aux reflets irisés,
S'avance l'être, au seuil de sa vérité.

Se révéler, brisant l'éclat faussé,
Un présent s'offre, enfin délié.

Quand l'être vrai affronte ses peurs,
La force grandit, malgré les pleurs.
Elle s'élève, libre et affranchie,
Portant sa flamme, source infinie.

Retrait créateur

Dans la solitude, l'âme s'élève,
Éloignée du vacarme où tout se perd.
Elle se façonne en secret, patiente et fière,
Pour mieux aimer lorsque tout se relève.

L'ordinaire

Dans l'impulsion d'un geste anodin,
S'ancre un instant, profond et serein.
Une main qui s'affaire, un regard suspendu,
Et l'évidence naît, loin du vide attendu.

Se perdre ailleurs n'efface pas la voie,
Le présent déploie sa force et sa loi.
Le réel s'avance, patient, immuable,
Et trame nos vies sur un fond véritable.

Nos jours façonnent un lien discret,
Un espace vivant, humble et parfait.
L'ordinaire éclaire ce qui nous unit,
Et dans cette constance, tout sens s'enrichit.

Mouton de Panurge

Sous l'ombre du troupeau,
l'esprit s'endort, rassuré —
mais l'âme s'éticle.

L'être accompli

La quête de perfection n'est qu'un détour.
L'accomplissement réside
dans l'acceptation de ce qui est.

Pauses fertiles

L'attente nourrit une sagesse lente,
Elle n'est point vide, mais force vivante.
L'esprit qui flâne, ouvert à l'inconnu,
Trouve en son errance un trésor continu.

Les pauses, ces instants à l'écart du projet,
Sont les racines des plus clairs sujets.
Le recul, miroir d'un chemin plus sûr,
Fait naître l'action, paisible et pure.

Quand le monde presse, le calme est un don,
Un pas mesuré, un geste profond.
Dans ce ralentir, la pensée s'affine,
Et l'avenir s'ouvre, d'une lumière fine.

Le jeu du chaos

Dans l'étreinte du chaos,
se dévoile la vérité de l'existence :
l'illusion du contrôle s'efface,
laissant le changement composer la vie.

Impermanence

L'écume éclatante,
Se brise au bord de la mer –
Fragile splendeur.

Apaisement

Caresser l'ombre des douleurs passées,
jusqu'à ce qu'elles s'effacent
dans la douceur d'un soupir apaisé.

Les vagues du rire

Rires en ressac,
Les vagues joyeuses déferlent.
L'air immobile s'anime,
La vie s'éveille, écume de joie.

Le chiffre et l'être

Ils s'impriment partout, chiffres froids sans âme,
Mesurant nos vies, nos rêves et nos trames.
Un nombre nous classe, un autre nous dirige,
Sous leur poids cruel, nos rêves se figent.

Qui suis-je, effacé de l'écran spectral ?
Simple image qui glisse, ou esprit vital ?
Au bord du silence, un autre monde appelle,
Où rien ne se compte, mais tout se révèle.

Le regard sincère, la lumière d'un instant,
Portent plus loin que l'éphémère clinquant.
Là, réside la clé hors des nombres fixés,
Le sens s'épanouit dans une vie libérée.

Quitter la foule

Le courage d'être soi est le rempart
contre l'onde trompeuse de la foule.

Transition illusoire

Toujours ailleurs, jamais ici,
Le pas cherche l'après incertain,
Comme si l'instant, fragile et gris,
N'avait qu'un rôle : patienter demain.

La vie se tisse en ponts sans fin,
D'un rêve flou à mille mirages,
Et ce présent, terre sans écrin,
Reste une ombre sous nos passages.

Ce fragile "après" n'est qu'un leurre,
Car le trésor repose sous nos pieds.
Regarde, le jour prend ses couleurs,
Tout alors s'éveille dans sa pureté.

Imparfait

Sous la voûte pesante, un regard se brise,
Une goutte fragile se perd et s'épuise.
L'humain qui vacille porte un poids secret,
Un cri muet qui traverse son être imparfait.

Le temps efface tout, mais jamais la trace,
D'un pas, d'un geste, ou d'une étreinte fugace.
Dans l'aveu des failles, la force se déploie,
Être humain, c'est tomber et renaître en sa voie.

Quand on peut, on veut

Quand on découvre qu'on peut,
le vouloir naît comme une évidence,
et l'amour en fait une force.

Au-delà des désirs

Sous l'emprise des pulsions, l'âme s'incline,
À toute attente, un lien se tisse,
Mais le sage, porté par sa quête divine,
Rompt les entraves où l'illusion glisse.

Il n'évite pas l'appel qui en lui persiste,
Mais l'apaise par une force limpide,
Accueillant le monde, humble réaliste,
Libre des plaisirs qui se dévident.

En laissant ses désirs lentement se délier,
Il chemine vers des horizons paisibles,
Rien ne vient troubler, altérer ou plier,
La paix ancrée loin des rêves futiles.

L'éveil

L'éveil n'est pas un sommet,
mais une vallée
où tout devient clair.

Présence en solitude

La solitude n'est pas une prison,
Mais un sentier où l'esprit s'élève,
Un creux profond sculptant l'horizon,
Où l'âme veille et les ombres se lèvent.

Loin des bruits, j'écoute le silence,
Un instant gravé dans le flot du temps,
Comme une empreinte de vive présence,
Qui lie l'instant à l'infini latent.

Habiter la souffrance

La souffrance n'est pas un obstacle à franchir,
mais un chemin à habiter.
Vouloir la raccourcir,
c'est prolonger son emprise.

Éloge de la brise

Vivre ne consiste pas à fuir l'usure des jours,
Ni à sceller son corps dans une bulle d'acier.
On tend ses mains aux embruns du séjour,
Laissant le monde en soi tracer des sentiers.

Accueillons le vent, porteur de métamorphose,
Les bifurcations qui troublent nos chemins.
La douleur, par sa morsure grandiose,
Fait germer des jardins où fleurit l'humain.

Savoir vieillir revient à chérir la surprise,
À goûter l'harmonie d'un destin capricieux.
On rit des détours qu'impose la brise,
Et l'instant se boit comme un nectar précieux.

La vertu

La vertu éclaire le monde,
non seulement par l'exemple d'une vie,
mais aussi par des paroles qui inspirent et unifient.

Fluidité d'être

Nos cœurs sont des rivières, nos âmes, des étoiles,
Glissant en harmonie sous l'azur sans voile.
Les émotions s'élancent, des ombres légères,
Suspendues dans l'air, elles caressent l'éther.

Portés par ce courant, naît l'équilibre,
Des flots apaisés où le temps se délivre.
Sous ces eaux aux reflets doux et scintillants,
S'illumine la clarté d'un être éclatant.

Au fond de soi

Le sens naît là où l'âme écoute
ce que l'esprit refuse de voir.

Légèreté retrouvée

Laisse ce poids,
Ce qui brûle, ce qui écrase.
Le monde est immense,
Pourquoi tracer des frontières ?

Ce fardeau sur tes épaules,
Simple ombre illusoire,
Née de tes peurs,
D'un rêve évanescent.

Ouvre tes mains,
Dépose cette charge.
Regarde, ce qui demeure,
C'est toi, entier, libéré.

Jeu de rôles

Sous les lumières du théâtre humain,
où l'on possède, accomplit et paraît,
souvent au prix d'un masque,
l'être profond cherche l'équilibre,
rêvant d'aimer, d'exister
et de vivre sans chimères.

Entre peur et désir

Quand la peur sème ses graines dans ton cœur,
Elle plante des doutes, alourdit le labeur.
En cherchant l'oubli, tu renforces ses liens,
Et ce que tu fuis se rapproche des tiens.

Le désir, brûlant feu qui consume tes jours,
Serre fort ses chaînes, aveugle ses détours.
À force de trop vouloir, l'instant se dérobe,
Et la quête se perd dans l'ombre qui l'enrobe.

Apprends, voyageur, à desserrer tes mains,
À laisser le chemin s'écrire en son sein.
Dans l'espace ouvert, le possible renaît,
Quand l âme en silence accueille ce qui est.

L'acceptation

Supporter l'immuable,
Changer ce qui peut l'être,
Le reste m'échappe.

L'essentiel

L'essentiel n'est jamais loin.
Il est dans la simplicité de ton regard.

Tendresse

Fragile trésor, force subtile,
Un luxe offert aux cœurs dociles.
Sans s'accrocher aux jours anciens,
Sans murs griffés, sans cris vains.

La tendresse, une onde légère,
Accueille l'aurore, laisse faire.
Une porte se ferme sans haine,
D'une caresse douce et sereine.

Car rien ne nous appartient ici,
Seulement la beauté de la vie.

Présence

Témoin de l'instant,
Le cœur porte la lumière,
L'esprit se repose.

Course vaine

Sur le rail qui s'étire, les paysages s'effacent,
Le temps se contracte, l'instant se déplace.
L'homme, emporté, s'égare dans sa trace,
Pris dans une quête qui sans fin le dépasse.

Reviens, dit le silence, reviens dans l'instant,
Là où le regard s'ouvre, là où rien ne s'accélère.
Car ce n'est qu'en toi, au cœur du temps flottant,
Que naît la vraie vitesse, celle de la lumière.

Temps de vivre

À trop vouloir dompter le temps,
l'homme s'égare dans l'urgence,
oubliant que le repos et la réflexion
sont les gardiens de sa sagesse.

Là où tout résonne

Sous le ciel léger d'un matin fragile,
Se devine en silence un passage nouveau.
En moi, s'élève un halo doux et subtil
Traçant le sillage d'un profond renouveau.

Je plonge au creux de mon être où tout résonne,
Ce lieu sans contours, mais chargé de pureté.
Là, naît une force qui doucement m'étonne,
Laissant germer des instants de vérité.

J'avance, calme, porté par l'espace,
Un sentier s'étire, limpide et serein.
Mon pas découvre une lumière qui enlace,
Et le ciel s'ouvre, témoin de mon chemin.

Tout est là

Les flots oscillent, vastes et libres,
Ils prennent l'ombre comme la lumière,
Ni heurt brutal, ni lutte vaine,
Juste l'équilibre d'un tout mouvant.

Les lueurs traversent des jours incertains
Les larmes s'apaisent au gré du silence.
Au creux des instants, je découvre un refuge,
Et doucement, je grandis sous un ciel voilé.

Je marche au rythme des vagues profondes,
Les vents portent mes pas vers l'inconnu.
Ni crainte, ni lutte, juste l'évidence,
Tout est là, et la vie suit son chemin.

Remerciements

À toi, Vie avec un grand v, qui tisse avec soin les fils de mon existence, je te rends hommage avec une totale confiance, reconnaissant les épreuves et les bénédictions que tu m'offres comme autant d'occasions de devenir. Source infinie d'intelligence et de mystère, tu m'invites chaque jour à grandir, à apprendre, et à m'émerveiller.

À toi, maman, lumière d'amour et d'âme pure, je te dédie une gratitude infinie. Ton amour, aussi constant que les étoiles, est la force sur laquelle je m'appuie. Ta spiritualité, comme une boussole silencieuse, guide mes pas depuis de nombreuses années. Ton sourire est une prière qui apaise, ta présence un sanctuaire où je trouve la paix. Dans les fils mystérieux de notre complicité, tissés par le divin, tu es et resteras ma muse spirituelle.

Enfin, à mon compagnon de route, mon confident et mon miroir, je rends un hommage sincère. Merci pour ton écoute inlassable et ta capacité à accueillir mes réflexions, même les plus ardues. Dans nos échanges passionnés, nos âmes explorent ensemble les profondeurs de la vie et ses mystères. Ton soutien est une ancre et ta présence une source d'inspiration inestimable.

À vous trois, je confie l'essence de cette œuvre. Vous êtes les gardiens de cette aventure, et je vous rends grâce du fond de mon cœur.